# 내가 은행을 만든다면?

**글 권재원**
1975년생으로 쌍둥이 아이들과 함께 살며 어린이 책을 쓰고 있습니다.
지은 책으로는 〈10일간의 보물찾기〉, 〈함정에 빠진 수학〉, 〈침대 및 그림 여행〉, 〈왜 아플까?〉,
〈째깍째깍 시간 박물관〉, 〈삐오삐오 병원 24시〉, 〈좋은 돈, 나쁜 돈, 이상한 돈〉 등이 있습니다.

**그림 이희은**
패션디자인을 공부하고 아이들이 좋아 그림책을 그리기 시작했습니다. 연필을 잡으면
어릴 적 모습이 떠올라 연필 속에서 나온 작은 아이들과 같이 신나게 놀아 봅니다.
〈일기 먹는 일기장〉, 〈책 안 읽고 사는 법〉, 〈키가 120킬로그램?〉, 〈딱 한마디 과학사〉,
〈우리 집에 온 노벨상〉, 〈귀명창과 사라진 소리꾼〉과 같은 어린이책에 그림을 그렸습니다.

**추천 박홍신**
중앙대학교 교육학과와 서강대 경제대학원 OLP 과정을 마치고, 매일경제신문사에서 27년간
기자로 생활했습니다. 금융 증권 등 재테크 분야에 관심을 가지며 편집부국장을 맡다가
청소년금융교육협의회로 옮겨 사무국장으로 활동하고 있습니다. 소외 계층 금융 교육에 기여한
공로로 행정자치부장관상을 받았습니다.

**토토 사회 놀이터**
토토 사회 놀이터는 교과서 속 사회 지식을 재미있게 풀어낸 그림책 시리즈입니다. 초등학교 저학년 어린이들이 사회와
친해지고 스스로 정치와 경제, 법 등을 탐구하여 사회 전체의 흐름을 파악할 수 있도록 쉽고 재미있게 구성되어 있습니다.
토토 사회 놀이터에서는 사회도 놀이가 됩니다.

교과서 속 경제 지식을
쉽고 재미있게 배워요!

# 내가 은행을 만든다면?

어린이 보물은행

이자 이자 이자

이자

글 권재원 | 그림 이희은
추천 박홍신(청소년금융교육협의회 사무국장)

토토북

## 차례

나만의 은행을 만드는 방법 · · · · 6

## 1단계
# 은행 세우기

은행의 역할 알아보기 · · · · · · 10
돈 정하기 · · · · · · · · · · · · · · 14
은행 이름 짓기 · · · · · · · · · · 22
함께 일할 사람 뽑기 · · · · · · · 26

## 2단계
# 은행 운영하기

예금 모으기 · · · · · · · · · · · · 30
예금 상품 알리기 · · · · · · · · · 32
대출 상품 소개하기 · · · · · · · 40
이자 정하기 · · · · · · · · · · · · 42

## 3단계
# 편리하고
# 믿을 수 있는
# 은행 만들기

**신용 확인하기** ········ 48
**신용 관리하기** ········ 50
**신용 설명하기** ········ 52
**안전하게 은행 사용하기** ··· 56

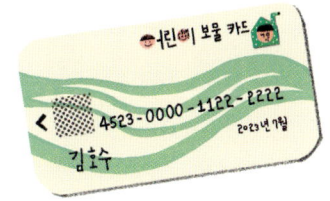

모든 준비는 끝났다! ············ 60

어린이 보물 은행을 소개합니다! ··· 62
내가 만든 은행을 소개합니다! ···· 63
한눈에 보는 은행 만들기 ········ 64
용어 설명 ···················· 66

# 나만의 은행을 만드는 방법

어른을 따라 은행에 가면 어린이들은 지루하기만 한데
어른들은 한참 동안 창구에 있는 직원에게 묻고 설명을 듣고 이야기를 나누지요.
어린이들이 은행에서 지겨운 이유는 볼일이 없기 때문이에요.
장난감 가게에서 어른들은 지겨워하는데
어린이들에게는 하나도 지겹지 않은 거랑 마찬가지지요.

만일 어린이들도 은행에서 볼일이 있다면
물어보고 싶은 것도 많아지고 설명도 재미있게 들을 수 있을 거예요.
돈이 별로 없으니까 은행에서는 볼일이 없을 거라고 생각하나요?
어차피 어린이니까 돈을 빌리지도 못하고요?

그렇다면 어린이들을 위한 특별한 은행을 만들면 되지요.
돈이 없어도 사용할 수 있는 은행 말이에요.
지금부터 어린이를 위한, 어린이에 의한 은행을 만들어 볼까요?

아무것도 없는 상태에서 어떻게 은행을 만드냐고요?
걱정 마세요. 다 방법이 있답니다.
그럼, 시작해 볼까요?

# 1 은행을 세워요!

보통 은행은 돈을 저장하고 빌려주는 일을 하지만 꼭 돈만 다룰 필요는 없어요. 소중한 가치가 되는 것을 저장하고 빌려주는 은행도 있거든요. 어떤 은행을 만들지 정했으면 은행 이름과 함께 일할 사람, 은행을 만들 장소를 생각해 봐요.

# 2 은행을 운영해요!

사람들의 돈을 안전하게 보관하고 돈이 필요한 사람에게 빌려주는 것은 중요한 일이에요. 귀중한 재산을 안전하게 보관해 주는 일도 쉽지는 않지만 보람 있는 일이지요.

# 3 신용을 사용해요!

현대 사회에서는 신용을 돈처럼 사용해요. 신용이 없으면 신용 카드도 사용할 수 없고 대출도 받을 수 없어요. 이렇게 중요한 신용을 잘 관리하고 사용하는 법을 배워요.

# 은행 세우기

막상 은행을 만들려고 하니까
은행이 정확히 무슨 일을 하는지 잘 모르겠다고요?
그저 막연하게 돈을 예금하고 빌리는 정도로만 알고 있었다고요?
그럼, 먼저 은행에 대해 잘 알아봐야겠어요.
그래야 좋은 은행을 만들 수 있을 테니까요.
은행은 왜 생겨났는지, 은행에 돈을 예금하는 게 돈을 가지고 있는 것보다
더 좋은 이유는 무엇인지, 은행에서 돈은 어떤 사람에게 빌려주는지,
그리고 예금을 하면 왜 이자를 주는지, 그 이자는 어디에서 생기는지,
우리 함께 알아보아요.

# 은행의 역할 알아보기

은행은 돈을 가장 많이 다루는 사람들에 의해서 생겨났어요.
바로 시장에서 물건을 사고파는 상인들이지요.
은행의 가장 중요한 역할은 돈이 여기저기에서 쓰이도록 돈을 굴리는 거예요.
은행이 돈을 굴리는 방법은 돈을 보관해 주고 빌려주는 것이지요.

### 돈을 보관해 줘요

집에 많은 돈을 보관하는 것은 불편하기도 하고 불안하기도 해요. 도둑맞을 수도 있고, 실수로 잃어버릴 수도 있고, 불이 나면 몽땅 사라져 버릴 수도 있으니까요.

하지만 은행에 예금을 하면 아무 걱정이 없어요.

이제 안심!
발 뻗고 자야지.

## 돈을 필요한 곳에 빌려줘요

은행은 예금된 돈을 돈이 필요한 사람들에게 빌려줘요. 급하게 큰돈이 필요한 사람들은 은행에서 돈을 빌려 대학을 다닐 수 있는 학자금을 내기도 하고, 집을 사기도 하지요. 회사도 은행에서 돈을 빌려 투자도 하고, 직원들의 월급을 주기도 해요.

## 이자를 받고 나누어 줘요

어떤 경우이든 은행에서 빌린 돈은 갚아야 하지요. 빌린 돈뿐 아니라 이자까지도 함께 말이에요. 이렇게 받은 이자가 은행의 수입이에요. 은행은 받은 이자의 일부를 예금한 사람들에게도 나누어 주어요.

은행을 만들어 보기로 결심한 금동이에게 아주 중요한 문제가 생겼어요. 바로 누가 금동이가 만든 은행에 돈을 맡길 것인가 하는 것이지요. 이 외에도 해결해야 할 문제가 한두 가지가 아니에요.

내가 은행을 만들면 친구들한테 돈을 맡기라고 해야 하나? 하지만 친구들이 뭘 믿고 나에게 돈을 맡길까? 어린이들은 어른만큼 돈이 많지 않아. 게다가 돈이 있더라도 내가 만든 은행이 아니라 진짜 은행에 돈을 맡기려고 할 거야.

만일 나에게 돈을 맡긴다고 해도 그 돈을 대체 누구에게 어떻게 빌려줘야 하지? 이자를 받는 것도 문제네. 어떤 식으로 이자를 매겨야 할까?

# 은행에서 하는 일은 정말 많아요!

은행(Bank)이란 말은 옛날 이탈리아에서 돈을 빌려주거나 바꿔 주는 일을 하는 사람들이 앉던 의자 '반초(Banco)'에서 나왔어요. 처음에 은행은 돈을 맡아 주고 빌려주는 것만 했어요. 하지만 경제가 발전하고 사용하는 돈의 양이 늘어나자 점점 하는 일이 많아졌지요. 어떤 일을 하는지 알아볼까요?

## 중앙은행

아주 특별한 일을 하는 은행도 있어요. 각 나라에 하나씩 있는 중앙은행은 돈을 만들어 내고, 정부에게 돈을 빌려주고, 다른 은행에게도 돈을 빌려주지요. 그래서 중앙은행은 정부의 은행, 은행들의 은행이라고도 불려요.

## 국제 은행(국제 결제 은행)

1930년 스위스 바젤에 세워진 특수 은행이에요. 원래 이 은행의 목적은 제1차 세계 대전에서 진 독일에게 배상금(벌금)을 받아 이긴 나라에게 나누어 주는 것이었어요. 그러나 지금은 각 나라의 중앙은행들이 서로 돕고 의논하도록 하는 일을 하고 있어요. 현재 국제 은행은 우리나라를 포함해 총 60개국의 중앙은행들이 회원으로 가입해 있어요.

어떤 은행이든 고객이 필요로 하는 일을 하는구나. 국민이 고객이면 국민이 필요한 일을 하고, 정부가 고객이면 정부가 필요한 일을 해. 각 나라의 중앙은행이 고객이면 중앙은행이 필요로 하는 일을 하고 말이야. 내 고객은 어린이들이야. 그러니까 어린이들이 필요한 일을 해야겠다.

# 돈 정하기

금동이는 어린이들이 필요한 일을 하는 은행을 만들기 위해서는 우선 돈 문제를 해결해야 했어요. 제일 큰 문제는 돈이지요. 어린이들은 어른처럼 돈을 벌지도 않고 많이 가지고 있지도 않거든요. 게다가 정부의 허락을 받지 않고 남의 돈을 맡아서 빌려주는 것은 법에 어긋나는 일이에요. 하지만 걱정할 필요는 없어요. 정부가 법으로 정한 돈이 아닌 돈을 사용하면 되니까요. 돈은 약속이에요. 사람들이 어떤 물건에 가치가 있다고 믿고 돈으로 정하자고 약속을 하면 돈이 될 수 있어요. 그래서 때와 장소에 따라 여러 가지 것들이 돈처럼 쓰였지요.

### 곡식

세계 각지에서 돈으로 사용되었어요. 5,000년 전 메소포타미아 지역에서 처음 생겨난 은행에서 돈으로 사용했던 것은 보리와 같은 곡식이었어요.

### 옷감, 가죽, 모피

러시아에서는 오랫동안 모피를 화폐로 사용했고, 조선 시대에는 삼베를 돈으로 사용했어요. 잔돈은 실 꾸러미를 사용했지요.

### 조개껍데기

우리가 흔히 먹는 조개껍데기가 아니라 특별한 조개껍데기예요. 돈으로 사용했던 조개는 그 지역에서 쉽게 잡히지 않는 종류이거나 수백 년 이상 지난 조개 화석이었어요.

### 소금

아시아, 아프리카, 유럽에서 돈으로 사용되었어요. 고대 로마에서는 군인들의 월급을 소금으로 줄 정도로 귀한 대접을 받았지요. 소금이 귀한 아프리카 안쪽 지역에서는 오랫동안 돈의 역할을 하기도 했어요.

###  돌

폴리네시아의 작은 섬 얍에서는 돌을 돈으로 사용했어요. 얍 섬은 흙으로만 된 섬이어서 돌이 아주 귀했지요. 돈을 만들기 위해서는 아주 멀리 떨어진 섬까지 목숨을 걸고 다녀와야 했거든요.

돈이 되려면 너무 흔해서는 안 돼요. 길에 굴러다니는 돌멩이는 가치가 하나도 없기 때문에 돈으로 쓸 수 없어요. 반대로 너무 희귀한 것도 돈으로 쓰이지는 못해요. 지구에 하나밖에 없는 돌이 있다면 무척 비싸겠지만, 돈으로 쓸 수는 없어요.

**Quiz**

**돈처럼 쓰이지 못하는 것은?**

돈처럼 쓰이려면 정해진 장소, 정해진 기간에 한해서 정해진 물건으로 바꿔 준다는 약속이 사회적으로 되어야 해요.

   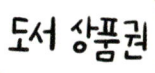

① 교통 카드　② 우표　③ 캐릭터 카드　④ 도서 상품권

★정답은 68쪽에서 확인하세요!

## 돈 만들기 실전편

금동이는 돈이 되려면 너무 흔하지도 않으면서 사용하기에 편리해야 한다는 것을 알았어요. 특정한 사람에게만 유리한 것도 안 되지요. 모두가 공평하게 가질 수 있는 것이어야만 해요.

금동이는 친구들에게 어떤 것을 돈으로 쓰면 좋을지 물어보았어요.
왜 금동이가 돈으로 하고 싶은 걸 그냥 정하지 않았냐고요?
그거야 당연히 은행을 사용하는 사람이 친구들이니까요. 금동이 혼자 마음대로 돈을 정했는데 아무도 그 돈을 사용하고 싶어 하지 않으면 소용없잖아요.
그래서 금동이는 친구들의 의견을 듣고 은행에서 사용할 돈을 정하기로 했어요.

정말 여러 가지 것들이 나왔군요. 그런데 머리핀은 여자아이들만 많이 가지고 있고 남자아이들은 없어요. 딱지는 남자아이들이 많고요. 이런 것들을 돈으로 정하면 한쪽만 좋겠지요?

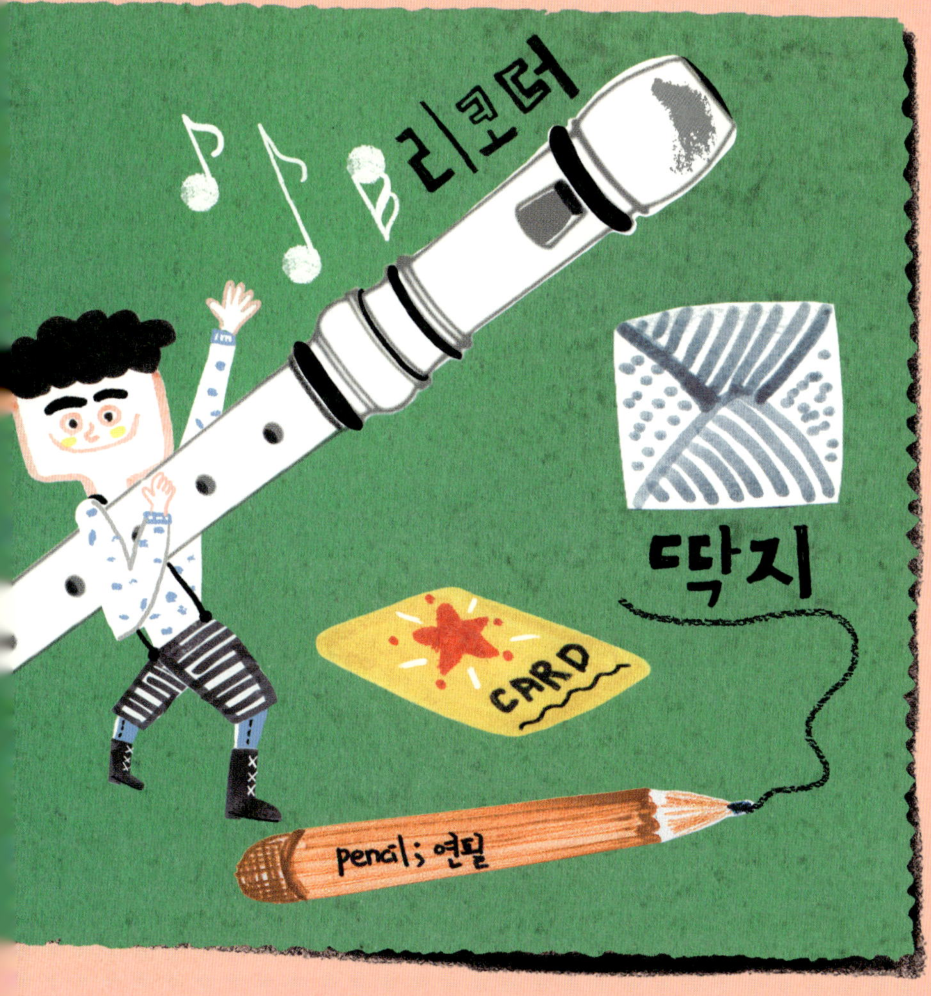

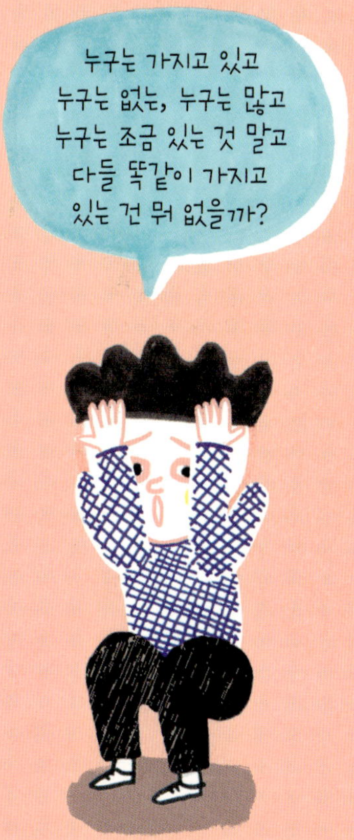

누구는 가지고 있고 누구는 없는, 누구는 많고 누구는 조금 있는 것 말고 다들 똑같이 가지고 있는 건 뭐 없을까?

아무리 고민을 해도 금동이는 돈으로 정할 만한 적당한 것을 찾을 수 없었어요. 모두가 골고루 가지고 있는 것이 좋은데, 모두가 골고루 가지고 있다면 아무도 빌리려 하지 않을 테니까요.

## 돈이 아닌 것을 돈처럼 사용하는 사랑 고리 은행

금동이는 국가가 만들어 낸 돈이 아닌 것을 사용하는 은행에 대해 조사해 보았어요.
그리고 아주 멋진 은행을 알게 되었지요.
경북 구미의 '사랑 고리 은행'은 '고리'를 돈처럼 사용해요. 고리는 직접 만든 김치, 된장, 간장, 옷 등 사람들이 제공하는 물건이나 미용, 마사지, 운전, 청소 등의 서비스를 말해요. 물건을 은행에 가지고 가면 물건의 가치만큼 고리를 받아요. 예금자는 자신이 가진 고리를 얼마든지 원하는 것으로 사용할 수 있어요.

박 아저씨의 4고리 얻는법

박 아저씨는 소풍을 가는 아이들이나 몸이 불편한 할머니를 태워 주고 고리를 받아요.

4고리를 받았어!

박 아저씨는 받은 고리로 사랑 고리 은행에 예금된 반찬을 구입하지요.

이렇게 지역 주민들이 생산한 물건이나 서비스를 돈으로 사용하는 것을 '지역 통화제'라고 해요. 지역 통화제는 '에코 머니', '그린 달러', '고리' 등 여러 가지 이름과 방식으로 전 세계적으로 퍼져 나가고 있어요.

금동이는 아이들이 안 쓰는 물건이나 너무 많아서 필요 없는 것들을 맡아 주고, 이것을 필요한 친구들에게 빌려주기로 했어요.

## 능력을 돈으로 사용하기 실전편

돈이 꼭 물건이어야만 하는 건 아니에요. 자기가 할 수 있는 일이나 잘하는 것도 돈으로 사용될 수 있어요. 우리가 가지고 있는 소중한 것과 우리의 능력을 모두 돈으로 사용하는 것이지요. 금동이는 자기가 할 수 있는 것도 돈으로 사용되면 좋겠다는 생각이 들었어요.

### 친구들의 능력 조사하기

금동이는 친구들에게 자기가 할 수 있는 것 중 돈으로 사용되면 좋겠다고 여기는 걸 말해 달라고 했어요. 그러자 정말 많은 대답이 쏟아져 나왔어요.

### 어린이의 능력을 나타내는 돈 이름 찾기

금동이는 물건만 맡고 빌려주는 것보다 어린이들이 할 수 있는 것을 맡고 빌려주는 게 더 재미있을 거라는 생각이 들었어요. 이렇게 재미있고 소중한 돈이라면 그에 어울리는 이름이 필요해요. '어린이들이 할 수 있는 것'이라는 의미가 담긴 이름이 뭐 없을까요?

**후보 이름**

이름이 너무 뻔하고 재미없어. 그리고 이런 이름은 '소중한 물건'을 나타내지 못하잖아. 소중한 물건도 나타내고, 보물 같은 능력도 나타내는 이름이 뭐 없을까?

후보1 예쁜 것

후보2 도우미

후보3 어린이 돈

내 은행에서 사용할 돈의 이름은 '보물'이야! 우리들이 오랜 시간과 노력을 들여서 얻은 능력은 보물이니까. 어린이가 맡긴 물건들도 누군가에게는 소중하게 사용될 수 있으니까 역시 보물이지.

**이름 정하기**

금동이는 손뼉을 짝 쳤어요. 정말 마음에 드는 돈 이름이 생각났거든요.

금동이는 당장 사용하지 않는 어린이들의 보물을 맡아 주고, 이것을 필요한 어린이들에게 빌려줄 거예요. 이런 은행은 아무데도 없으니 다들 금동이가 만든 은행에 자신의 보물을 맡기고 빌리려 하겠죠. 은행에서 사용할 돈도 정하고, 무슨 일을 할지도 결정했으니 지금 당장 은행을 세워야겠어요.

**타임 달러**

타임 달러는 다른 사람을 위해 봉사하는 시간을 돈으로 사용하는 것으로, 미국의 법대 교수인 에드가 칸이 생각해 냈어요. 칸은 청소, 개와 놀아 주기, 독서 등 사소하게 여겨지는 능력이 돈처럼 사용할 수 있으면 좋겠다고 생각해 타임 달러를 발명했어요. 남을 위해 봉사를 하면 봉사한 시간만큼 타임 달러를 버는 거예요. 이렇게 얻은 타임 달러로 자신이 원하는 것을 살 수 있어요.

# 은행 이름 짓기

금동이는 끝내주게 멋진 '보물'을 맡고 빌려주는 어린이 은행에 어울리는 끝내주게 멋진 이름을 짓고 싶어요. 하지만 어떻게 해야 은행에 어울리는 이름을 지을 수 있을까요? 금동이는 이름이 무엇을 나타내는가에 따라 분류해 보았어요.

### 지역을 대표하는 이름으로!

부산 은행, 서울 은행, 대구 은행, 광주 은행 등은 은행이 만들어진 지역을 이름으로 정했어요. 하지만 부산 은행이라고 부산에만 있는 건 아니에요. 부산 은행이 서울에 있을 수도 있고, 서울 은행이 대구에 있기도 하지요.

### 고객을 이름으로!

국민 은행, 우리 은행은 주요 고객인 '국민'과 '우리'들을 이름으로 정했어요. 친근한 호칭을 사용해 지을 수도 있어요.

### 목적을 이름으로!

기업 은행, 한국 산업 은행은 활발한 경제 활동을 위해서 만든 은행이에요. 농협, 수협은 농업, 수산업에서 일하는 사람들이 만든 은행이에요. 주로 농민과 어민을 도와주지요.

**내 이름?**

우리 동네 이름을 은행 이름으로 하고 싶지는 않아. 동네 사람들이 다 이용하는 건 아니니까. 내가 만든 은행의 고객은 어린이니까 고객을 이름으로 하면 어린이 은행이 되겠구나. 목적이 이름이 된다면 어떤 게 좋을까? 어린이를 부자로 만드는 게 내 은행의 목적인가? 아니야. 어린이들이 보다 즐거운 게 목적이지. 그럼 즐거운 은행이라고 할까?

**은행 이름 짓기 실전편**

금동이는 '주구장창 오래오래 잘될 멋진 어린이의 즐거움을 위한 어린이의 보물 은행'이라고 하고 싶었어요. 하지만 너무 길지요? 이름을 지을 때는 짧고 기억하기 쉬워야 해요. 이름이 너무 길고 복잡하면 기억하기도 어렵고 발음하기도 힘드니까요.

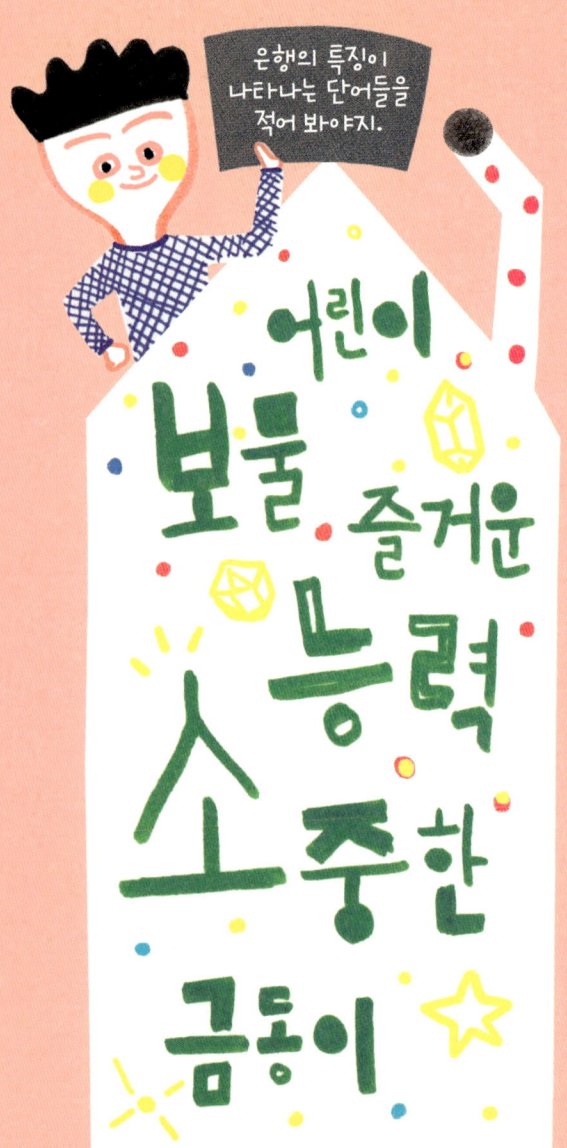

즐거운 은행, 특별한 은행과 소중한 은행은 빼기로 했어요. 너무 평범해 보였거든요.
능력 은행도 뺄 거예요. 능력만 다루는 은행은 아니니까요.
금동이 은행도 별로 마음에 들지 않아요. 좀 더 호기심을 불러일으키고 은행에 와 보고 싶게 만드는 이름이 필요해요.

제일 마음에 드는 건 어린이 은행과 보물 은행이에요.
둘 중 어떤 것을 할지 한참 고민하던 금동이가 마침내 고개를 끄덕였어요.
"좋아. 은행 이름을 '어린이 보물 은행'으로 정하자!"
이 이름이야말로 금동이가 만드는 은행의 특징을 아주 잘 나타내지요.
게다가 호기심도 불러일으키고 기억하기도 좋아요.

# 함께 일할 사람 뽑기

금동이는 은행에서 함께 일할 사람을 뽑기로 했어요. 혼자서는 많은 일을 할 수 없으니까요. 은행에 가면 창구가 나뉘어 있고 창구마다 역할이 다 다르잖아요. 어린이 보물 은행도 마찬가지예요. 돈을 맡아 주는 일을 하는 사람과 돈을 빌려주는 사람, 그리고 상담을 하거나 다른 일을 하는 사람이 필요해요.

## 함께 일할 사람의 기준 정하기

어떤 사람과 함께 일하고 싶은지를 생각하는 것은 아주 중요해요.

금동이는 똑똑한 사람과 일하는 것이 좋을지, 부지런한 사람과 일하는 것이 좋을지 아니면 재미있는 사람과 일하는 것이 좋을지 생각해 봤어요.

금동이가 정말로 함께 일하고 싶은 사람은 '믿을 수 있는 사람'이에요. 은행은 다른 사람의 돈을 다루는 일을 해야 하니까요.

## 면접 보기

금동이는 은행에서 일하고 싶어 하는 어린이들을 면접했어요. 면접이란 회사에서 사람을 뽑을 때 하는 평가예요. 여러 가지 질문을 하고 대답을 들으면서 마음에 드는 사람을 뽑는 것이지요.

## 은행 위치, 시간 정하기

은행에서 함께 일할 친구들도 생겼으니 은행을 만들 장소를 찾고, 은행이 문 여는 시간도 정해요.

 은행을 어디에다 만들면 좋을까?

 다들 같은 학교를 다니니까 학교가 제일 좋아. 운동장 한쪽에 있는 쉼터에서 은행을 열면 어떨까? 비가 오면 선생님한테 말하고 도서실 입구에 은행을 열자.

 보통 은행은 평일 오전에 문을 열고 오후에 닫잖아. 하지만 우리는 학생이니까 하루 종일 은행 일을 할 수는 없어. 수업 시작하기 30분 전과 점심시간, 그리고 학교 끝나고 나서 은행을 여는 게 어떨까?

 학교가 끝나면 방과 후도 해야 하고 학원도 가야 하니까 매일 나오는 건 힘들 것 같아. 학교가 끝난 뒤 번갈아 가면서 일하는 것도 좋겠다.

 그런데 보물을 어디에다 보관할 거야? 물건들을 잔뜩 쌓아 둘 공간을 찾기는 어려워. 내 방만해도 벌써 엄청 어지럽다고 엄마가 잔소리인걸.

 보물은 보물 주인이 가지고 있을 거야. 은행에 예금한다고 해도 보물을 가지고 오는 건 아니야. 자기가 어떤 보물이 있다고 말하고, 다른 친구들에게 빌려주겠다고 약속하면 그것은 예금이 되는 거야.

금동이는 친구들과 의논해서 어린이 보물 은행의 장소와 운영 시간을 정했어요.

장소: 운동장 쉼터,
(비가 오는 경우에는 도서실 입구)
시간: 평일 오전 8:00 - 8:30,
점심시간, 오후 2:00 - 2:30

# 2단계
# 은행 운영하기

은행을 만들었으니 돈을 맡아 주기도 하고 빌려주기도 할 거예요. 이렇게 돈을 맡아 주고 빌려주는 것을 금융이라고 해요. 마치 백화점에 온갖 물건이 다 있고 사람들이 마음에 드는 것을 고르는 것처럼 은행에는 여러 가지 금융 상품이 있어요. 그래서 은행을 금융 백화점이라고 하기도 하지요. 은행의 금융 상품은 예금과 관련된 것도 있고 대출과 관련된 것이 있어요. 이제부터 어린이 보물 은행도 본격적으로 금융 활동을 해 볼까요?

# 예금 모으기

애써서 은행을 만들었는데 아무도 예금을 하지 않으면 망해버릴 거예요. 금동이는 어떻게 해야 친구들이 어린이 보물 은행에 예금을 하게 할지 생각해 보았어요. 그리고 예금의 좋은 점을 모두에게 알리기로 했지요. 은행에 예금을 하는 게 자기에게도 이익이 된다고 여기면 다들 예금을 할 테니까요.

### 안전해요

은행에 예금하면 도둑맞거나 잃어버릴 염려가 없어요. 은행에서는 본인이 아니면 함부로 돈을 내어 주지 않아요. 게다가 통장은 잃어버려도 얼마든지 새로 만들 수 있어요.

### 경제에 도움이 되요

은행에 예금을 한 돈은 개인과 기업의 투자 자금으로 활용되어 경제가 발전해요. 아무도 은행에 예금을 하지 않으면 은행은 돈이 필요한 곳에 빌려 줄 수 없고 그러면 경제가 쪼그라들 거예요.

### 이자를 받아요

은행에 예금을 하면 제일 좋은 점은 뭐니 뭐니 해도 이자를 받는 거예요. 아무것도 안 했는데도 돈이 늘어나 있으니까요. 방에 숨겨 두었다면 이자는 절대로 생기지 않죠.

### 은행에 화재가 나면 어떻게 하죠?

걱정하지 마세요. 은행 예금은 은행의 전산에 다 기록이 되어 있어요. 은행에서 보관하고 있는 현금은 타버려도 예금이 사라지지는 않아요. 은행을 믿고 예금했는데 자신의 돈을 다 잃어버리는 일이 생기면 안 되겠죠?

그래서 국가는 은행이 망하더라도 은행에 예금한 사람들의 돈을 한 사람당 5,000만 원까지 책임지고 물어 준다는 것을 법으로 정했어요. 이 법을 '예금자 보호법'이라고 해요.

# 예금 상품 알리기

금동이는 어린이 보물 은행에서 일하는 친구들과 머리를 맞대고 여러 가지 예금 상품을 개발했어요. 예금 상품이란 예금 기간과 액수에 따라 이자를 다르게 주는 거예요. 돈을 많이 그리고 오래 예금하게 하려면 그만큼 이익을 주어야겠지요? 이익을 주는 제일 좋은 방법은 이자를 주는 거예요. 좋은 예금 상품을 만들어 친구들이 많은 보물을 보다 오랫동안 예금할 수 있게 해야겠어요.

### 보통 예금

아무 때나 은행에 돈을 맡기고 찾을 수 있지만 이자가 작아요. 자주 돈을 찾아 써야 하는 경우에는 보통 예금을 하지요. 생활비를 예금해 놓고 쓸 경우에는 보통 예금을 이용해요.

### 정기 예금

큰돈을 은행에 한꺼번에 맡기고 정해진 기간 동안 찾지 않는 예금으로, 보통 예금보다는 이자가 높아요. 약속한 기간을 채우지 못하고 도중에 찾을 경우에는 약속한 이자를 받지 못해요.

### 정기 적금

매달마다 일정한 금액을 은행에 맡기고 정해진 기간이 지난 뒤에 찾을 수 있는 예금이에요. 적은 돈이라도 차곡차곡 모으면 큰돈이 되는 예금이지요.

어린이 보물 은행의 예금 상품을 소개합니다.

**아무 때나 예금**
아무 때나 예금하고 찾을 수 있어요. 이자가 별로 없어요.

**한 달 예금, 석 달 예금**
보물을 중간에 찾지 않고 석 달 동안 맡겨야 이자가 많아요.

**매주 예금, 다달이 예금**
매주 과자를 한 봉지씩 예금한다던지, 매달 만화책을 한 권씩 예금하는 식으로 해요. 오랜 시간이 지나면 이자가 높아요.

## 은행 홍보하기 실전편

무엇인가를 알리는 데는 광고만 한 것이 없어요. 어린이 보물 은행에서 일하는 친구들은 힘을 합해 멋진 광고지를 만들었지요. 금동이와 친구들은 광고지를 친구들에게 나눠 주기도 하고 학교 게시판에 붙여 놓기도 할 거예요. 학교 게시판에 붙일 때에는 선생님의 허락도 받을 거예요.

연락처를 만들자.

은행에 대해서 설명을 하자.

특급 서비스도 한다고 하자.

우리가 일단 예금을 하고 이걸 시작으로 다른 사람에게도 예금을 권하자.

# 어린이 보물 은행

**어린이를 위한, 어린이에 의한 은행!
보다 많은 어린이들을 보다 행복하게,
보다 풍요롭게 하기 위해 태어나다!**

어린이 보물 은행에서는 어린이들의 보물을 돈으로 사용합니다.
자기가 가지고 있는 것이나 할 수 있는 것을 예금해 주세요.
예금이 당장 어렵다면 나중에 예금을 해도 돼요.
은행 위치: 토토초등학교 운동장 쉼터(비가 오는 경우에는 도서실 입구).
시간: 평일 오전 8:00 - 8:30, 점심시간, 오후 2:00 - 2:30

### 용 그림을 빌려 드립니다!

전설의 용을 기가 막히게 그린 그림을 가질 수 있는 절호의 기회! 멋진 용 그림을 방에 걸면 행운이 오지요. 이 멋진 보물을 10장이나 은행에 예금하신 고객님은 권용호입니다. 용 그림에 관심이 있는 어린이는 어린이 보물 은행에 문의하세요. 돈 대신으로 쓸 수 있는 보물을 가져오세요.

### 보물을 예금하고 과자를 가져가세요!

매주 월요일에 예약한 고객에 한해서 과자를 드립니다. 매주 월요일날 과자를 예금하신 고객님은 한미나입니다. 과자를 먹고 싶은 어린이는 자기가 가지고 있는 보물을 은행에 가져오세요. 과자를 받아 가면 은행에 맡긴 보물은 한미나 고객님이 일주일 동안 사용하게 됩니다.

### 방문하기 어려운 사람들을 위한 특급 서비스!

도저히 방문하기 어려운 고객을 위해 시간 약속을 따로 잡아 드립니다. 어린이 보물 은행을 이용하고 싶어 하는 어린이들과 상담도 하고, 고객을 방문하기도 하지요.

## 예금, 이렇게도 되네?

금동이는 은행에서 예금을 어떻게 하는지 알기 위해서 직접 은행으로 예금을 하러 갔어요.
예금은 은행 창구에서 할 수도 있고, ATM 기계에서 직접 돈을 넣을 수도 있어요.
금동이는 아직 혼자서는 예금을 해 본 적이 없어 긴장이 되었어요. 그래서 후후 심호흡을 한번 하고
은행에서 일하는 직원에게 부탁을 했어요. '도와주세요!'라고 말이에요.

### 창구를 이용해요

번호표를 뽑고 순서가 오기를 기다려요. 창구에
가서 통장과 돈을 내고 예금을 해 달라고
부탁해요. 직원의 도움을 받고 설명을 들을 수
있으니 안심이에요.

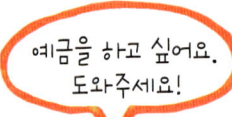

# ATM 기계를 이용해요

은행에 사람이 너무 많을 때는 ATM 기계를 이용하는 게 훨씬 빠르고 편해요.
ATM 기계를 이용해서 입금을 할 때에는 기계에 표시된 대로만 따라 하면 되지요.

월요일 아침, 금동이와 친구들이 은행을 열었어요. 금동이와 친구들은 두근두근하는 마음으로 고객을 기다려요. 금동이 앞에는 어린이 보물 은행 통장이 잔뜩 있지요. 어린이 보물 은행에서 일하는 어린이들이 직접 만든 거예요.

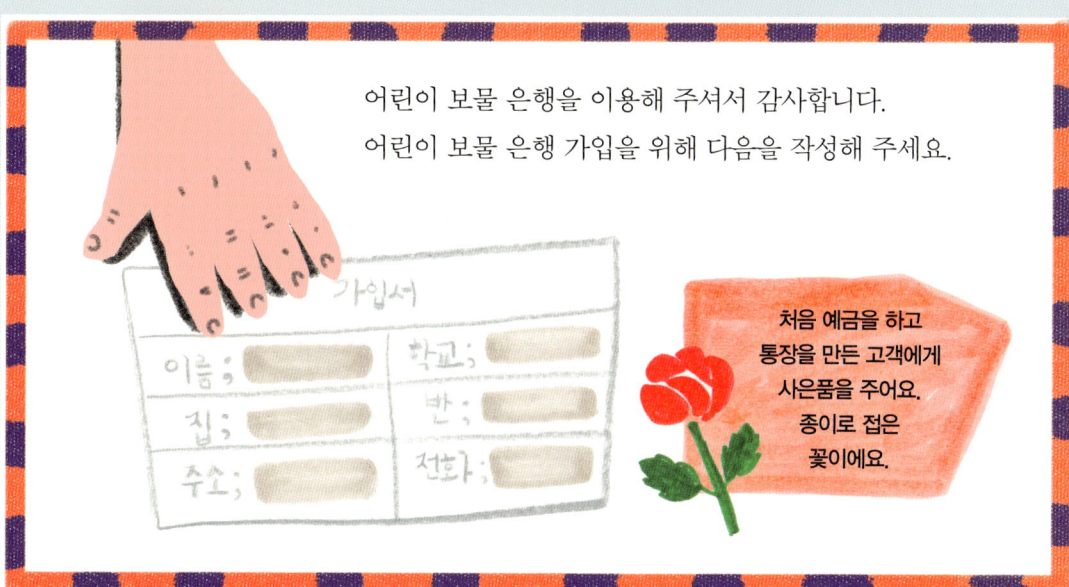

# 대출 상품 소개하기

어린이 보물 은행은 보물을 빌려주는 일도 해요. 은행에서 돈을 빌리는 것을 대출이라고 해요. 대출도 예금처럼 여러 가지 상품이 있어요. 사람들은 자신에게 가장 맞는 상품을 골라 대출을 하지요.

특별히 이자를 싸게!

### 집을 처음 장만할 때 혜택을 줘요

처음 집을 사려는 사람에게는 특별히 낮은 이자로 대출을 해 주어요. 대신 대출을 받아 사는 집을 담보로 해요. 집이 담보가 되면 돈을 갚지 않을 경우 은행이 집을 가져갈 수 있어요.

### 신용만으로도 대출이 가능해요

담보 없이 신용만 가지고 대출을 해 주는 거예요. 은행은 신용 등급을 가지고 돈을 빌려줄지 말지를 결정해요. 일정한 수입이 있고, 재산이 있고, 카드 값이 나 돈 내는 것을 꼬박꼬박 잘 내면 신용 등급이 높아져요.

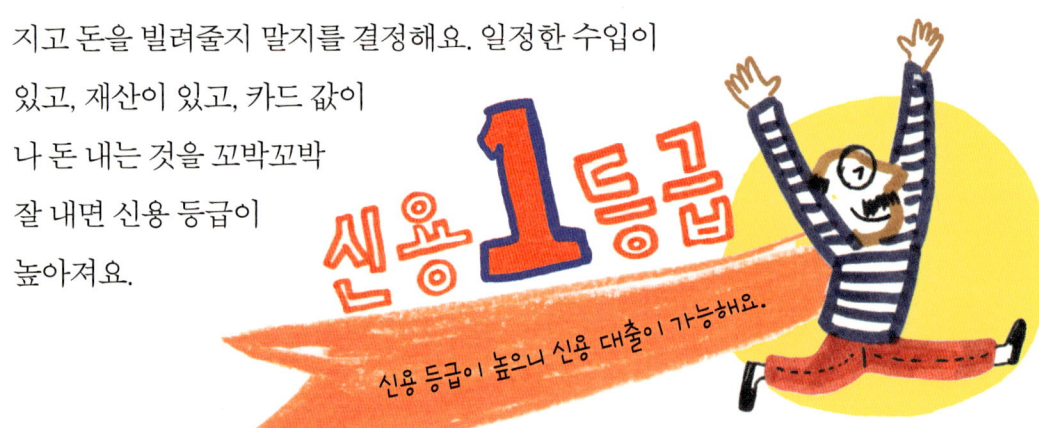

신용 1등급

신용 등급이 높으니 신용 대출이 가능해요.

## 특별한 사람에게 특별한 혜택을 줘요

은행은 지역의 상인들과 긴밀한 관계를 맺기 위해 지역 상인들한테는 특별히 낮은 이자로 대출을 해 주기도 해요. 아직 직업이 없는 대학생이 등록금을 마련하기 위해 대출할 때도 이자를 낮추어 주어요.

은행마다 대출 상품이 다르니 대출할 때에는 각 은행의 대출 상품들을 잘 비교해 보고 자신에게 가장 이익이 되는 것을 선택해요.

대출을 하면 돈을 갚을 때 빌린 돈뿐만 아니라 이자까지 갚아야 하니까 이자가 높으면 높을수록 갚아야 하는 돈이 많아져 부담이 되지요.

은행들은 고객을 끌어들이기 위해 반짝 세일 대출 상품들을 내놓기도 해요.

# 이자 정하기

금동이와 친구들이 가장 많이 고민했던 것이 바로 이자예요. 이자는 돈을 빌리는 대가로 내는 돈이에요. 이자를 많이 받을수록 은행에게는 이익이지만 이자가 너무 높으면 아무도 돈을 빌리려 하지 않을 거예요. 어린이 보물 은행의 경우에는 이자를 은행이 정하지만 시중에 있는 은행은 마음대로 이자를 정하지 못해요. 시중 은행의 이자를 결정하는 것은 통화량이나 경제 성장, 그리고 물가예요.

### 통화량이 많아지면 이자가 낮아져요

통화량은 시장에서 사용되는 돈의 양이에요. 돈이 별로 없는데 돈을 빌리려는 사람이 많으면 이자는 올라가요. 반대로 돈은 많은데 돈을 빌리려는 사람이 별로 없으면 이자는 내려가지요.

### 경제가 성장하면 이자가 올라가요

경제가 활발하면 장사가 잘되니까 사람들은 물건을 더 많이 만들고, 회사도 더 크게 만들고 싶어 해요. 그래서 돈을 빌리려고 하니 이자가 올라가지요.

## 물가가 오르면 이자가 올라가요

물가는 생활에 쓰이는 물건들의 가격이에요. 한두 개 물건 가격이 오른다고 물가가 오른다고 하지는 않아요. 물가는 석유 가격, 부동산 가격, 전쟁 등 여러 가지의 영향을 받아요.

## 이자와 경제는 밀접한 관계가 있어요

이자가 경제의 영향을 받은 만큼 경제도 이자의 영향을 받아요. 이자가 낮으면 기업은 돈을 값싸게 빌릴 수 있기 때문에 투자를 늘려요. 그러면 생산도 많이 하고 일자리가 늘어나지요. 이자가 높으면 기업은 돈을 빌리기가 힘들어지고 이자와 함께 불어난 돈을 갚지 못해 파산을 하기도 해요.

### 잠깐!

지나친 이자를 받는 것은 범죄예요.
너무 높은 이자 때문에 돈을 못 갚고 노예로 팔려 가는 일도 많았어요.
그래서 옛날 기독교에서는 돈을 빌려주고 이자를 받는 것을 아주 나쁘게 여겼어요.
지금도 이슬람 은행은 이자 대신 빌린 돈으로 얻은 이익의 일부를 받아요.

# 이자 받기 실전편

어린이 보물 은행의 이자는 통화량이나 물가, 경제 성장과 같이 말만 들어도 머리가 지끈지끈한 것에 의해 결정되지 않아요. 어린이 보물 은행의 이자는 아주 특별한 것에 의해 결정되지요. 바로 상대방에게 감사하는 마음이에요.

어린이 보물 은행에서 이자는 돈을 빌린 사람이 예금을 한 사람에게 감사의 표시로 줄 수 있는 것을 받을 거야. 어떤 이자로 할지는 은행과 고객들이 서로 의논해서 정해야지.

난 종이접기 책을 한 달 빌리는 이자로 종이배를 30개 낼게.

숙제 도우미 서비스를 빌리는 대신 이자로 캐릭터 카드를 한 장씩 낼게.

책상을 세 달 빌리는 이자로 매주 내가 직접 구운 과자를 10개씩 가져올게.

여러 가지 이자가 있기 때문에 예금자는 자기가 원하는 이자를 고를 수 있지요. 숙제 도우미 예금자가 캐릭터 카드 대신 과자를 이자로 받을 수도 있어요.

대출 이자를 정했으면 대출 서류를 작성해요.
어린이 보물 은행의 대출 상품은 빌리는 기간이나, 빌리는 것의 종류에 따라 달라져요.

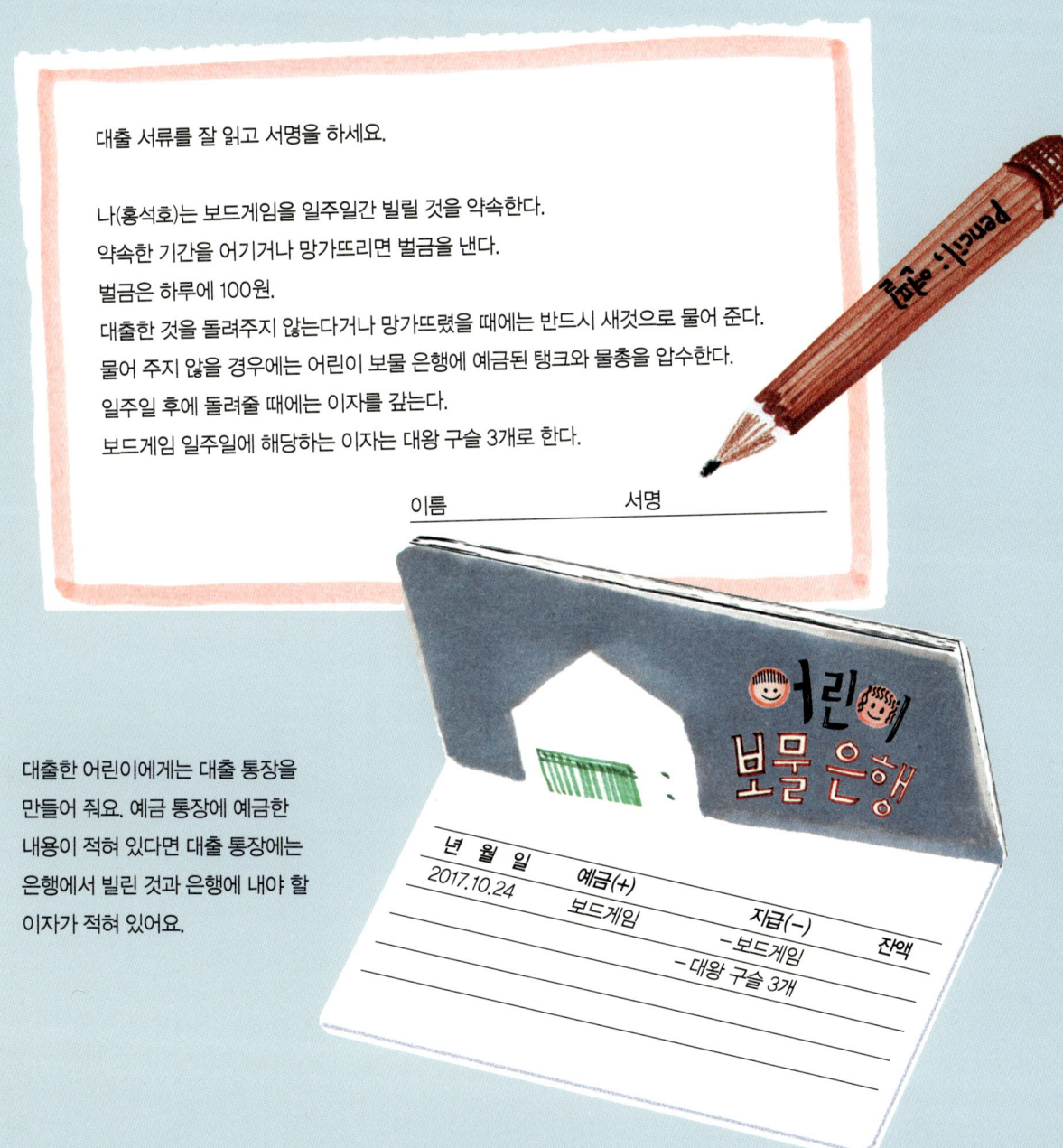

대출 서류를 잘 읽고 서명을 하세요.

나(홍석호)는 보드게임을 일주일간 빌릴 것을 약속한다.
약속한 기간을 어기거나 망가뜨리면 벌금을 낸다.
벌금은 하루에 100원.
대출한 것을 돌려주지 않는다거나 망가뜨렸을 때에는 반드시 새것으로 물어 준다.
물어 주지 않을 경우에는 어린이 보물 은행에 예금된 탱크와 물총을 압수한다.
일주일 후에 돌려줄 때에는 이자를 갚는다.
보드게임 일주일에 해당하는 이자는 대왕 구슬 3개로 한다.

이름　　　　　서명

대출한 어린이에게는 대출 통장을 만들어 줘요. 예금 통장에 예금한 내용이 적혀 있다면 대출 통장에는 은행에서 빌린 것과 은행에 내야 할 이자가 적혀 있어요.

# 편리하고 믿을 수 있는 은행 만들기

금동이는 어린이 보물 은행을 더욱 편리하고 믿을 수 있게 만들려고 해요. 그래야 더 많은 어린이들이 어린이 보물 은행을 이용할 테니까요.

금동이는 다른 은행들이 어떻게 자기네 은행을 더욱 편리하고 믿을 수 있게 만드는지 알아보았어요. 금동이가 특히 관심을 가진 건 신용 카드예요.

신용 카드가 있다면 당장 돈이 없어도 물건이나 서비스를 살 수 있잖아요.

하지만 신용 카드가 마냥 좋기만 한 건 아니겠지요.

# 신용 확인하기

열 길 물속은 알아도 한 길 사람 속은 모른다는데 어떻게 믿을 수 있는 사람인지 아닌지 알 수 있을까?

은행에서는 신용 등급을 가지고 사람을 믿을 수 있는지 없는지를 판단해.

은행이 아무렇게나 무조건 많이 돈을 빌려주는 건 아니에요. 돈을 함부로 대출해 주었다가 예금을 찾으러 온 고객들에게 줄 돈까지 없으면 큰일 나니까요. 은행이 돈이 없다고 여겨지면 사람들은 일제히 자기의 예금을 찾아가려 할 테고 그럼 은행은 망하게 되죠. 그렇기 때문에 은행은 믿을 수 있는 사람에게만 대출을 해 줘요.

어린이의 직업은 학생이어서 은행에서 대출을 못 받는구나.

## ✅ 직업이 있나?

직업이 있어야 돈을 벌고 나중에 돈을 갚을 수 있겠지요. 직업이 없으면 은행에서 돈을 빌릴 수 없어요. 하지만 어린이 보물 은행에서는 돈을 버는 직업을 가지고 있지 않아도 대출을 할 수 있어요.

## ✅ 재산이 있나?

집이나 땅, 자동차처럼 가격이 높은 재산은 담보가 되지요. 돈을 갚지 못하면 담보로 잡힌 것은 빼앗길 수 있어요 어린이 보물 은행에서는 어린이의 능력도 재산으로 인정해요.

## ✅ 돈에 관한 문제가 없나?

카드 값을 제때 내지 않았다거나 이전에 은행에서 돈을 빌리고 갚지 않았다거나 하면 신용은 낮아져요. 남의 돈을 잘 갚지 않는 사람에게는 대출을 하는 게 불안하니까요.

### 신용 불량자

금융 회사에서 빌린 돈이나 신용 카드를 사용하고 내야 하는 돈을 약속한 때에 내지 못하면 대출을 받을 때 문제가 돼요. 신용 불량자로 등록이 되면 자기가 빌린 돈을 모두 갚아도 얼마 동안은 기록이 남게 되지요.

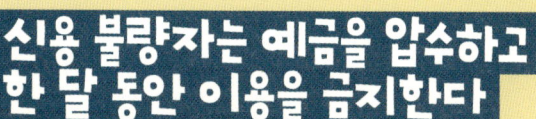

### 신용 불량자는 예금을 압수하고 한 달 동안 이용을 금지한다

**신용 불량자에 해당하는 경우**
은행에서 빌린 보물을 약속한 날짜에 돌려주지 않는 어린이.
약속한 이자를 내지 않는 어린이.
빌린 보물을 망가뜨리거나 잃어버린 어린이.

부득이한 사정이 있었을 경우에는 미리 은행과 상의하면 신용 불량자가 되지 않을 수 있다.

# 신용 관리하기

신용이 나쁘면 신용 카드도 만들지 못하고, 은행에서 돈을 빌리지도 못하고, 취직하는 데 어려움이 있을 수도 있어요. 무엇보다 휴대전화를 이용할 수도 없어요. 신용이 좋으면 은행에서 돈을 빌릴 때 이자도 적게 내지요.
이렇게 중요한 신용, 어떻게 해야 좋게 할 수 있을까요?

## 약속한 날짜에 꼭 갚아야 해요

돈을 빌릴 때에는 갚을 수 있는지 생각해요. 아주 적은 금액이라도 돈을 제때제때 갚지 않으면 신용이 나빠져요. 은행에서 빌린 돈의 액수가 너무 많아도 신용은 나빠지지요. 함부로 돈을 빌리지 말고 꼭 필요할 때만 돈을 빌려야 해요.

## 내는 돈을 밀리지 않아야 해요

아파트 관리비, 세금, 전화 요금 등 내야 하는 것들이 정말 많아요. 돈이 있는데도 어떤 때는 깜빡하고 내지 못하는 경우도 있지요. 이런 일을 막기 위해 자동 이체라는 것을 하기도 해요. 자동 이체는 정해진 날짜에 자동으로 예금 계좌에서 돈이 빠져나가도록 하는 거예요.

## 신용 카드 이용 금액은 버는 돈보다 적어야 해요

버는 돈보다 많이 쓰면 당연히 빚을 지게 되지요. 신용 카드를 사용하면 당장 돈이 없어도 물건을 살 수 있기 때문에 얼마나 돈을 썼는지 잘 모를 수도 있어요. 정신없이 신용 카드를 쓰다가 돈을 내야 하는 날에 깜짝 놀라게 될 수도 있으니 조심해야 해요.

## 빌린 돈에 대한 이자는 정해진 날짜에 반드시 내요

은행에서 돈을 빌리면 빌린 돈뿐 아니라 이자도 갚아야 해요. 이자는 매달 정해진 날짜에 내야 해요. 이자를 제때 내지 못하면 신용을 잃어버려 빌린 돈을 당장 갚으라는 경고를 받게 될 수도 있답니다.

### 금동이의 신용 관리법을 공개합니다

- 친구들에게 빌린 물건을 잘 사용하고 제때 돌려주자.
- 약속을 잘 지키자.
- 도서관 책을 반납하는 날짜를 기억하자.
- 회비는 꼬박꼬박 내자.

# 신용 설명하기

금동이는 어린이 보물 은행에 예금을 많이 했거나 약속을 잘 지킨 어린이에게는 특별한 혜택을 주기로 했어요. 바로 신용 카드를 만들어 주는 것이지요. 신용 카드는 사람들이 사용해 왔던 어떤 돈과도 달라요. 신용은 말 그대로 나중에 돈을 낼 것이라는 신용을 이용해서 지금 당장 돈을 내지 않고 물건이나 서비스를 구입하는 것이거든요.

### 신용 카드는 이렇게 사용해요

돈 대신 신용 카드를 보여 주고 기기에 서명을 하면 돈을 내지 않고도 물건을 살 수 있어요. 구입한 물건의 값은 나중에 돈을 내기로 약속되어 있던 날짜에 은행 계좌에서 빠져나가요.

### 신용 카드 한 장으로 뭐든지 OK!

신용 카드가 만들어지기 전에는 동전과 지폐가 잔뜩 들어 있는 무겁고 불룩한 지갑을 가지고 다녀야 했어요. 하지만 지금은 카드 한 장만 들고 나가도 별로 불편하지 않아요. 병원을 가도, 시장을 가도, 심지어 지하철이나 버스를 탈 때도 신용 카드를 사용할 수 있으니까요.

## 과소비와 충동구매의 주범도 될 수 있어 NO!

신용 카드는 편리하지만 그만큼 위험하기도 해요. 신용 카드를 쓰면 당장 돈이 나가지 않기 때문에 잘못하면 지나치게 많이 쓰거나 불필요한 물건들을 구매하게 될 수도 있어요. 그래서 신용 카드 대신 쓰면 바로바로 돈이 빠져나가는 체크 카드를 쓰는 사람도 많아요.

### 잠깐!

아무나 신용 카드를 만들 수는 없어요. 은행이 신용이 있다고 판단할 때만 신용 카드를 만들어 주거든요. 직장이 있어야 하고 은행에 예금이 어느 정도 들어 있어야만 만들 수 있어요.

어린이 보물 은행의 신용 카드를 만들어 볼까요? 신용 카드를 만들면 당장 돈이 없어도 다른 친구들의 보물을 구입할 수 있지요. 어린이 보물 은행의 신용 카드는 직업이 없어도 만들 수 있어요. 단, 먼저 예금을 두둑하게 해 놓아야 해요.

신용 카드를 만들려면 꼭 지켜야 하는 것들이 있어요. 일단 모양이지요.
신용 카드의 크기는 세계 어느 나라나 똑같아요. 가로 8.6cm, 세로 5.35cm이지요.
신용 카드에 붙어 있는 마그네틱의 크기와 위치도 같고요.
카드의 크기가 제각각이라면, 그것에 맞는 기계를 다 다르게 만들어야 하니까
비용이 아주 많이 들 거예요.

신용 카드에 꼭 들어가야 하는 것은 신용 카드를 발급한 은행, 사용자 이름,
카드 번호, 사용할 수 있는 날짜, 서명을 하는 칸, 마그네틱이에요.

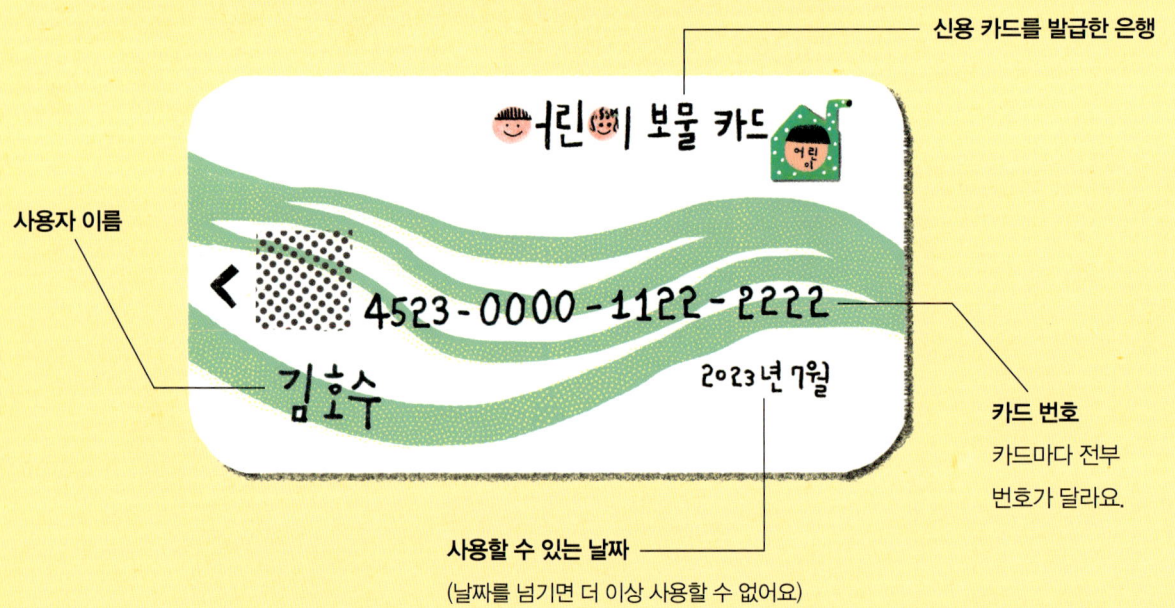

**마그네틱**
여러 가지 정보가 입력되어 있어요. 마그네틱이 손상되면 신용 카드 정보를 읽을 수 없기 때문에 사용할 수 없어요. 전류나 자석에 민감하기 때문에 휴대폰이나 자석과 함께 보관하지 않아요.

**서명을 하는 칸**
신용 카드를 받으면 제일 먼저 서명을 해야 해요. 서명을 하지 않은 카드는 사용할 수 없어요.

# 안전하게 은행 사용하기

점점 많은 어린이들이 어린이 보물 은행을 사용하자 금동이는 은행을 안전하게 하는 방법에 대해 신경을 쓰게 되었어요. 실제로 요즘에는 과학 기술이 발달해서 은행을 사용하는 것이 쉬워지기는 했지만 그만큼 위험해지기도 했어요. 해킹도 일어나고 개인 정보를 빼내어 나쁘게 사용하는 일도 일어나거든요.

### 개인 정보를 함부로 알려주면 안 돼요

모르는 사람이 은행 컴퓨터에 저장되어 있는 개인의 이름, 주민 등록 번호, 전화번호, 계좌 번호, 이메일 등의 개인 정보를 나쁜 목적으로 사용할 수 있어요. 개인 정보가 적힌 우편물이나 카드 영수증도 함부로 버리면 안 돼요.

### 생일이나 전화번호 등을 비밀번호로 사용하지 않아요

생일이나 전화번호 등 자기와 관련 있는 숫자를 비밀번호로 사용하면 다른 사람들이 쉽게 알아낼 수 있어요. 1234와 같이 단순한 번호도 안 돼요. 비밀번호로는 자기가 기억하기 쉽지만 다른 사람들은 모르는 번호가 좋아요. 엄마의 생일 같은 것 말이에요.

1111. 이건 안 좋아.

1111?

## 비밀번호를 안전하게 지켜요

집에서 사용하는 비밀번호는 주기적으로 바꾸고, 현금 입출금기를 사용할 때에는 다른 사람이 비밀 번호를 보지 못하도록 손으로 가려요. 다른 사람의 비밀번호도 보지 않아야 해요.

## 공공장소에서 무선 인터넷은 이용하지 않아요

해킹은 컴퓨터나 네트워크에 침입하여 정보를 빼내거나 엉망으로 만들어 놓는 거예요. 은행의 전산망을 마비시키거나 고객 정보를 빼가는 사건도 있었어요. 공동으로 사용하는 무선 인터넷은 그만큼 위험할 수 있어요.

### 공인 인증서

인터넷으로 보다 안전하게 거래할 수 있도록 만들어진 것으로, 은행에서 발급받아요. 30만 원 이상의 액수를 거래할 때는 공인 인증서가 필요해요. 계좌 번호, 주민 등록 번호, 비밀번호 등의 여러 가지를 다 맞게 입력해야 거래를 할 수 있어요.

은행을 안전하게 이용하기 위해서는 고객도 신경을 써야 하는구나.

**은행 홈페이지 만들기 실전편**

금동이는 친구들과 함께 은행 홈페이지를 만들었어요. 인터넷으로 은행 일을 보면 시간과 수고를 줄일 수 있으니까요. 홈페이지에는 어린이 보물 은행의 특징과 이용 방법 등도 자세히 나와 있어요.

### www.어린이 보물 은행.com

어린이 보물 은행에 오신 것을 환영합니다.
어린이 보물 은행은 어린이를 위한
어린이에 의해 만들어진 은행이에요.
어린이 보물 은행은 어린이의 보물,
재능을 돈으로 사용해요.
용돈을 별로 못 받는 어린이들도 얼마든지
예금을 많이 할 수 있으니까 부담 없이
많이 많이 이용해 주세요.

> 이제 집에서도 편하게 은행 볼일을 볼 수 있어.

> 어린이 보물 은행 홈페이지에 어서 들어오세요.

### 예금 신청
자기가 가진 보물을 어린이 보물 은행에 맡겨요. 자기가 할 수 있는 것도 예금할 수 있어요. 이름과 예금하려는 것들을 적어 주세요.

### 대출 신청
'예금된 것들'을 누르세요. 예금되어 있는 것들 중에서 빌리고 싶은 것을 고르세요. 대출하려는 사람들이 한 가지 물건에 몰리는 경우에는 예약 순서대로 대출이 가능합니다. 대출할 때는 반드시 정해진 기간을 지켜 주시고 조심스럽게 다루어 주세요.

### 신용 카드
어린이 보물 은행에서는 예금을 많이 하신 고객님들에 한해 신용 카드를 발급해 드립니다. 신용 카드를 받으려면 신용이 좋아야 해요. 땡땡이라던가 약속을 지키지 않는 어린이가 신용 카드를 가지고 함부로 쓰면 큰일 날 테니까요.

### 질문, 상담
질문이나 의견이 있으신 분들은 여기에 남겨 주세요.

### 특별 서비스
은행을 방문을 하기 어려운 고객님을 위해 시간 약속을 따로 잡아 드립니다. 사정에 따라 출장 방문도 가능합니다.

### 부탁드려요!
다른 어린이의 보물을 빌려갈 때에는 기간과 이자를 정하고 반드시 지켜요. 망가뜨리거나 약속을 어길 경우에는 벌금을 내야 해요.

# 모든 준비는 끝났다!

자, 정말 멋진 은행이 만들어졌어요! 무엇보다 멋진 것은 어린이를 위한,
어린이에 의한 어린이의 보물을 사용하는 은행이란 점이죠.

어린이 보물 은행은 어른들이 만든 은행보다 훨씬 훌륭해요. 왜냐하면 단순히
돈을 맡기고 빌리는 역할이 아니라 우리에게 소중한 것을 함께 나누면서
우리가 미처 몰랐던 새로운 점들을 아는 기회를 주기도 하니까요. 게다가
은행을 이용하면서 몰랐던 친구들끼리 이야기를 나누고 친해질 수도 있어요.
서로에 대해 더 잘 알게 될 수도 있고요.

은행을 이용하다 보면 보물 외에 또 다른 돈 역할을 하는 것을 발견할지도
몰라요. 그럼 주저하지 말고 새로운 돈을 사용해 보아요.
사용하면서 불편한 점은 고치고 어린이들만이 할 수 있는 재미있고 새로운
생각들을 적용하다 보면 어린이 보물 은행은 점점 좋아질 거예요.
혹시 알아요? 어린이 보물 은행이 무척 좋고 유명해져서 실제로 동네에 어린이
보물 은행이 세워질지 말이에요.

# 어린이 보물 은행을 소개합니다!

**목적:** 어린이들이 가진 보물을 즐겁게 나누고 함께 누린다.

**표어:** 모든 어린이는 좋은 것을 가지고 누릴 자격이 있다.

**이용 고객:** 모든 어린이.

**사용하는 돈:** 어린이들의 보물, 재능, 취미.

**은행 위치:** 토토초등학교 운동장 쉼터. (비가 오는 경우에는 도서실 입구)

**홈페이지:** www.어린이 보물 은행.com

# 내가 만든 은행을 소개합니다!

목적:

표어:

이용 고객:

사용하는 돈:

은행 위치:

홈페이지:

# 한눈에 보는 은행 만들기

은행을 어떻게 만들었는지를 잘 들여다보면 누구나 은행을 만들 수 있어요. 이름이나 사용하는 돈은 얼마든지 다른 것으로 해도 된답니다. 보물보다 더 좋은 게 있을 수도 있으니까요. 자, 여러분도 어린이에게 딱 맞는 은행을 만들어 볼까요?

**시작**

**1단계 은행 세우기**
- 은행의 역할 알아보기
- 돈 정하기
- 은행 이름 짓기

**3단계 편리하고 믿을 수 있는 은행 만들기**
- 신용 확인하기
- 신용 관리하기

# 용어 설명

**경제:** 돈을 벌고, 쓰고, 빌리는 모든 활동.

**생산:** 상품이나 서비스를 만들어 내는 것.

**소비:** 돈을 내고 생산된 상품이나 서비스를 사는 것.

**경제 성장:** 만들어 내는 물건이나 서비스의 양이 늘어나 국민의 경제 능력이 커지는 일.

**경제 성장률:** 경제가 성장하는 정도.

**불황:** 경제가 나쁜 상황.

**통화량:** 시장에 나와 있는 돈의 양.

**물가:** 시장에서 사고 팔리는 물건들의 평균 가격.

**신용:** 경제에서 신용은 돈을 받거나 주는 일, 빌려주거나 갚은 일에서 약속을 지키는 것.

**정부:** 국가를 통치하는 조직이나 기관.

**등록금:** 학교나 학원에 등록할 때 내는 돈.

**월급:** 한 달마다 일한 것을 계산하여 주는 돈.

**투자:** 이익을 얻기 위해 어떤 일이나 사업에 돈이나 시간을 들이는 것.

**주식:** 회사의 자본을 이루는 단위.

**부동산:** 움직여서 옮길 수 없는 재산이나 토지, 건물.

**금리:** 빌려준 돈이나 예금에 붙는 이자.

**자본 :** 생산을 하는데 사용되는 돈.

**정부 :** 국가를 통치하는 조직이나 기관.

**담보 :** 약속을 어길 때 강제로 가져갈 수 있는 것.

**무선 :** 선이 연결되어 있지 않는 것.

15쪽  정답

**돈처럼 쓰이지 못하는 것은 ③번!**
교통 카드는 버스나 지하철, 우표는 우체국, 도서 상품권은 서점에서 사용할 수 있어요. 하지만 캐릭터 카드는 다른 물건이나 서비스로 바꿀 수 없어요.

토토 사회 놀이터
## 내가 은행을 만든다면?

초판 1쇄 2017년 10월 25일 | 초판 3쇄 2022년 3월 28일
글 권재원 | 그림 이희은
기획·편집 박설아 | 디자인 권석연 | 마케팅 강백산, 강지연
펴낸이 이재일 | 펴낸곳 토토북 04034 서울시 마포구 양화로11길 18, 3층 (서교동, 원오빌딩)
전화 02-332-6255 | 팩스 02-332-6286 | 홈페이지 www.totobook.com | 전자우편 totobooks@hanmail.net
출판등록 2002년 5월 30일 제10-2394호 | ISBN 978-89-6496-347-0 74300, 978-89-6496-257-2 74300(세트)

ⓒ권재원, 이희은 2017

이 책은 저작권법에 의해 보호를 받는 저작물이므로 무단 전재 및 무단 복제를 금합니다.
잘못된 책은 바꾸어 드립니다.

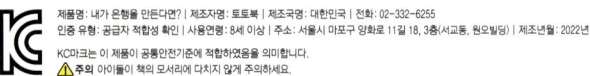